GUIDE

DES PERCEPTEURS

DES

CONTRIBUTIONS DIRECTES.

GUIDE
DES PERCEPTEURS
DES
CONTRIBUTIONS DIRECTES.

PAR

M. P*****, *Ex-Receveur des Contributions.*

Prix, 1 fr. 50 cent. et 1 fr. 80 cent. franc de port.

A PARIS,

CHEZ BONTEMPS, rue de la Loi, près la fontaine Traversière.
DESENNE, Palais du Tribunat.
MONGIE, cour des Fontaines, n°. 1.
RONDONNEAU, au Dépôt des Lois, place du Carrousel.

AN XI.

GUIDE
DES PERCEPTEURS
DES
CONTRIBUTIONS DIRECTES.

De la Perception.

La perception des contributions directes est le recouvrement qui se fait sur les contribuables de chaque commune, en vertu de *rôles* rendus exécutoires par le Préfet du département, et *publiés*, (1) des cotes *foncières*, *personnelles*, *mobiliaires*, *somptuaires*, *portes et fenêtres*, *et des patentes*, qui sont assignées par ces *rôles* à chacun des contribuables.

D'après cette définition, on pourrait croire que la mission du percepteur se

(1) Le percepteur ne pourra rien exiger des contribuables qu'il ne soit porteur d'un *Rôle rendu exécutoire et publié*, *art.* 34 *de l'arrêté des Consuls, du* 16 *thermidor an VIII.*

borne à recevoir d'une part, les cotes des contribuables, et de l'autre, à les verser avec exactitude dans la caisse destinée à les recevoir; mais la perception a ses règles particulières, et les percepteurs qui les ignoreraient se trouveraient exposés, pour ne s'y être pas conformés, non-seulement à la destitution, mais encore à des peines personnelles, à des contraintes et même à la vente de leurs biens. C'est pour leur faire éviter ces inconvéniens, qu'on a cru devoir rassembler dans cette instruction, tout ce que les lois et règlemens ont prescrit sur cette matière.

Mode de la perception.

Avant l'établissement des contributions foncière et mobiliaire, en 1791, il y avait pour la recette des tailles, en chaque paroisse, un ou plusieurs collecteurs nommés par les habitans qui demeuraient garants de la perception, et la collecte était forcée.

Cet ordre de choses a été changé par la loi du 2 octobre 1791, qui a ordonné que la perception serait adjugée par le conseil municipal, au moins offrant et moins disant, et que l'adjudicataire fournirait un cautionnement *en immeubles*, dont la valeur ne pourrait être moindre que le tiers du montant des deux contributions.

Dans le cas où, après trois publications, il ne se présentait pas d'adjudicataire, la loi a voulu que le conseil municipal nommât d'office un percepteur dont il serait responsable.

Ce mode a subsisté jusques en l'an XI, et, par un arrêté des Consuls du 4 pluviôse, il a été dit qu'il pourrait être établi des receveurs particuliers dans les villes et communes dont le montant des rôles des contributions directes s'élévera au dessus de 15,000 fr. (1) que ces receveurs, à la nomination du premier Consul, fourniront à la caisse d'amortissement, un cautionnement *en numéraire* du 20ᵉ. de la contribution foncière, et donneront des *soumissions* à l'instar de celles que les receveurs par-

---

(1) On pense que cette mesure très-utile sous tous les rapports, pourrait être étendue par la suite, en réunissant la perception de plusieurs communes dépendantes d'un même canton.

ticuliers d'arrondissement souscrivent aux receveurs généraux.

Ainsi, à présent il y a trois sortes de percepteurs : 1°. ceux nommés par adjudication; 2°. ceux nommés d'office par le conseil municipal ; 3°. et ceux à la nomination du premier Consul, que pour les distinguer des autres percepteurs, nous nommerons percepteurs-soumissionnaires.

Les fonctions de ces divers percepteurs, que nous détaillerons dans un instant, sont les mèmes.

Leurs obligations, dont nous ferons aussi le détail , ne diffèrent, qu'en ce que les premiers ne doivent leur cautionnement qu'en immeubles, comme on vient de l'expliquer; que les seconds ne peuvent être assujettis à en donner de quelque nature que ce soit, et qu'il peut être exigé des derniers, outre leur cautionnement en numéraire, des soummissions de verser à telles et telles époques, une portion déterminée de la recette dont ils sont chargés.

Qui peut être reçu adjudicataire de la perception?

« Toutes personnes dont la solvabilité » est reconnue, sont admises à sous-enchérir » lorsque la perception est en adjudication, » et l'adjudication doit être faite à celle dont » les offres sont les plus avantageuses. » *Art. V de la loi du 2 octobre* 1791.

Dans le cas où il ne se présenterait aucun adjudicataire, le ministre a décidé qu'on pouvait se reporter à l'article VIII de la loi du 2 octobre 1791, qui ordonne que le conseil municipal de la commune s'assemblera et nommera pour receveur un de ses membres, qui ne pourra refuser d'en faire la perception.

Quels sont ceux qui peuvent en être dispensés?

« Aucun citoyen ne peut être nommé » percepteur des contributions de plus » d'une commune. » *Art. CXXXVII de la loi du 3 frimaire an 7.*

« Aucun citoyen ne peut être nommé

» (d'office) percepteur des contributions » directes de sa commune, plus d'une fois » dans l'espace de 20 ans, s'il n'y consent,» » *ibidem*, *art.* CXXXVIII.

» Aucun citoyen ne sera pareillement » chargé de la perception, s'il est âgé de » plus de soixante ans, à moins qu'il n'y » consente; auquel cas la perception une » fois commencée, il ne pourra se dispen» ser de l'achever, *ibid. art.* CXXXIX.»

Au reste, on croit pouvoir considérer comme dispensés de la perception, tous ceux qui, à raison de *fonctions publiques* sont dispensés de la tutelle par la loi du 5 germinal an XI.

Ainsi, les membres des autorités établies par les titres II, III et IV de l'acte constitutionel; les juges au tribunal de Cassation, commissaires et substituts près le même tribunal; les commissaires de la comptabilité nationale; les préfets; tous citoyens exerçant une fonction publique, dans un département autre que celui de la perception; les militaires en activité de service, et tous autres citoyens qui remplissent, hors du territoire de la république, une mission du gouvernement, ne peuvent être obligés d'accepter la perception.

Citoyens exclus de la perception.

« Aucun percepteur en exercice ne » pourra se rendre adjudicataire qu'après » avoir justifié de l'entier versement du pro- » duit des contributions dont les termes sont » échus. » *Art. 8 de l'arrêté des Consuls du 16 therm. an 8.*

Les fonctions de *maire* sont incompatibles avec celles du percepteur. *Loi du 24 vend. an 3.*

Les *notaires* publics ne peuvent pareillement être percepteurs. *Loi du 29 sept. 1791, tit. I, sect. II.*

Les *membres des tribunaux*, les *préfets*, *sous-préfets*, *maires et adjoints* des communes, ne peuvent exercer aucunes fonctions sujettes à comptabilité pécuniaire. *Loi du 24 vend. an 3.*

Des ajudications de la perception.

« Les adjudications de la perception doi- » vent être faites par les maires, ou à leurs » défauts, par les adjoints des communes,

» avant le 1 fructidor de chaque année. » *Art. III de l'arrêté des Consuls du 16 thermidor an 8.*

« L'adjudication sera faite au rabais, et » ne pourra excéder cinq centimes par fr. » *Ibidem, art. IV.*

» A défaut d'adjudicataire, le conseil » municipal convoqué extraordinairement » par le maire ou son adjoint, nommera » d'office dans la première décade de fructidor, un percepteur dont la solvabilité » soit connue. » *Ibidem, art. III.*

« En cas de divertissement des deniers » de la perception, constaté par un procès-verbal, le receveur particulier d'*arrondissement* doit envoyer le procès-verbal, » et les pièces à l'appui, au sous-préfet, » qui ordonnera au maire ou à son adjoint de » procéder sans retard, sous peine de responsabilité, à une nouvelle adjudication » de ce qui restera à recouvrer sur les rôles; » en conséquence, le receveur particulier » fera remettre dans le jour, s'il est possible, » au maire ou à son adjoint, les rôles, avec » l'état des sommes à recouvrer. A défaut » d'adjudicataire, le conseil municipal

» nommera d'office un percepteur.» *Ibi. art. XXXIV.*

« Dans le cas de décès d'un percepteur » de commune ou de canton, il sera pourvu » à son remplacement par l'administration » municipale, dans les formes prescrites » par la présente loi, à moins que les hé- » ritiers ou la veuve, à leur défaut, ne dé- » clarent (1), dans les dix jours du décès du » percepteur, qu'ils entendent continuer la » perception. » *Art.* CLI *de la loi du 3 fri-* » *maire an 7.*

Formalités des adjudications.

Les formes qui doivent précéder, accompagner et suivre les adjudications, se réduisent à celles suivantes :

1°. Aussitôt que le maire a reçu le mandement du préfet, il doit dresser une affiche contenant le montant des contributions en principaux et centimes additionnels, portant que tel jour et à telle heure, il sera procédé pardevant lui, au lieu de ses séan-

(1) Cette déclaration doit être faite au conseil municipal.

ces, à l'adjudication au rabais de ces contributions, et que toutes personnes dont la solvabilité sera reconnue seront admises à sous-enchérir, aux charges et conditions suivantes; savoir, de donner caution en immeubles dont la valeur ne pourra être moindre du tiers de la recette, et de satisfaire en tout aux lois et règlemens concernant la perception; à ce que ceux qui seront dans l'intention de sous-enchérir aient à se présenter dans la huitaine, pour justifier de leurs titres de solvabilité.

2°. Le maire doit faire publier et afficher cet avertissement aux lieux et endroits publics et accoutumés de la commune, par un *porteur de contraintes*, faisant fonctions d'huissier (1), qui dressera procès-verbal de la publication et de l'apposition des affiches.

---

(1) Les porteurs de contraintes ont été établis par la loi du 2 octobre 1791, en chaque département, pour faire *seuls* les fonctions d'huissiers pour les contributions foncière, mobiliaire et des patentes.

L'arrêté des Consuls, du 16 thermidor an 8, en étendant leur mission à toutes les poursuites des contributions directes, a réglé leurs fonctions et devoirs ainsi que leurs salaires.

3°. Aux jour et heure indiqués, le maire fait faire lecture publique dans le lieu de ses séances, du procès-verbal d'affiches ; il fait une mise à prix de cinq centimes par francs ; reçoit les sous-enchères, adjuge la perception, et du tout dresse procès-verbal dont il fait passer une expédition au receveur particulier.

Cautionnement en immeubles des adjudicataires.

Nous avons dit que le cautionnement de l'adjudicataire devait être fourni en *immeubles* de valeur du *tiers* au moins des contributions foncière et mobiliaire; en cela on a parlé, d'après les termes de l'article IV de la loi du 2 octobre 1791, qui porte cette fixation ; mais elle paraît avoir été modifiée par l'article V de l'arrêté des Consuls, du 16 thermidor an 8. Voici ce que cet arrêté contient relativement au cautionnement de l'adjudicataire.

« Art. V. L'adjudicataire fournira un cau-
» tionnement en immeubles, dont la valeur
» libre sera du *quart* au moins du montant
» du rôle de la contribution foncière.

» VI. Le receveur particulier de l'arron- » dissement fera fournir, sous sa responsa- » bilité personnelle, dans la décade qui » suivra l'adjudication, le cautionnement » exigé par l'article précédent; à l'effet de » quoi, les maires ou adjoints adresseront, » sans délai, au receveur particulier, le » procès-verbal d'adjudication.

» VII. Dans les dix jours de la réception » de leur cautionnement, les percepteurs » seront tenus, à leurs frais, 1°. de le faire » inscrire au bureau de la conservation des » hypothèques de la situation des biens, et » d'en rapporter certificat au receveur par- » ticulier; 2°. de lui rapporter, dans le » même délai, l'état certifié par le conser- » vateur, des charges et hypothèques ins- » crites sur lesdits biens, ou le certificat » qu'il n'en existe aucune. »

Il est rare que les cautionnemens en immeubles, que fournissent les adjudicataires, soient suffisans et réguliers. La loi du 11 brumaire an 7, peu connue de ceux qui n'ont pas fait une étude particulière des principes sur la matière des hypothèques, met journellement en défaut ceux qui sont chargés de veiller à son exécution.

Pour se mettre à l'abri de toute responsabilité à ce sujet, il suffirait qu'ils s'arrêtassent aux conditions suivantes, sans lesquelles le cautionnement ne peut offrir de sûreté.

1re. CONDITION. *Capacité* dans la caution pour contracter et aliéner (1).

2e. CONDITION. *Propriété incommutable* dans la caution des biens qu'elle entend affecter, et dès-lors justification de titres.

3e. CONDITION, *suffisance*; c'est-à-dire que les biens affectés présentent, d'après les titres, baux, cotes de contributions, ou autres documens, une valeur approximative de celle exigée par la loi, et qu'ils soient jusqu'à cette concurrence, francs et quittes de toutes les dettes et hypothèques, non-seulement de la caution, mais encore de ses auteurs. Ainsi, il ne suffit pas de rapporter un certificat du conservateur des hypothèques, constatant qu'il n'existe point d'inscription contre la caution; mais il doit

---

(1) Les préfets, sous-préfets, maires, adjoints et agens des contributions, ne peuvent être cautions des percepteurs. *Loi du 24 vendémiaire an 3.*

être encore justifié qu'il n'en existe point sur les vendeurs ou auteurs, à moins qu'elle n'ait purgé, par des lettres de ratification, les hypothèques qu'ils auraient pu contracter.

4e. CONDITION : *forme de l'acte.* Le cautionnement doit être passé devant notaires ; ces fonctionnaires seuls peuvent conférer l'hypothèque conventionnelle, sans laquelle le trésor public ne pourrait venir sur le prix des immeubles, qu'après les autres créanciers hypothécaires inscrits.

5e. CONDITION : *spécialité de l'hypothèque.* L'acte de cautionnement doit contenir par *mesure*, *nature*, *lieux*, *tenans et aboutissans*, la désignation des biens affectés au cautionnement, et autant que possible, l'énumération des titres établissant la propriété ; cependant s'il s'agissait d'un domaine ou d'une ferme composés d'un certain nombre d'articles, il suffirait de désigner le domaine ou la ferme par les noms sous lesquels ils sont vulgairement connus, en indiquant toujours la commune de situation, la mesure totale ou approximative des biens, et en renvoyant pour les détails

aux

aux titres des acquisitions qui les renferment.

6e. CONDITION : *acceptation.* Le cautionnement doit être reçu et *accepté* par le maire ou l'adjoint, ou par le receveur particulier, attendu que jusqu'à *l'acceptation*, toute obligation est révocable, et que le contrat n'est réellement formé que par le consentement mutuel.

Cautionnement en deniers des percepteurs nommés par le Gouvernement.

Les receveurs des villes et bourgs nommés par le premier Consul, sont à l'instar des receveurs particuliers, et doivent comme eux le cautionnement en numéraire prescrit par la loi du 27 ventôse an 8, dont voici sur ce point les dispositions :

« Art. IV. Les receveurs particuliers fourniront en numéraire un cautionnement égal au vingtième du principal de la contribution foncière de l'an 8, dont la perception leur est respectivement confiée. »

V. *Cet article règle les époques et le lieu dans lesquels le versement doit être fait ; mais il ne s'applique pas aux per-*

cepteurs soumissionnaires dont le versement doit être fait à la caisse d'amortissement, dans le délai fixé par le ministre.

» VI. A dater des époques de chaque » paiement de ces cautionnemens, il sera » accordé aux receveurs particuliers une » indemnité de 10 pour cent pendant l'an 8. » Il sera fait un fonds spécial pour le paie- » ment de cette indemnité, dont le taux » sera réglé chaque année. » (Nota. *Il a été réglé pour l'an* 10, *par le décret du* 20 *floréal même année, à* 6 *pour cent sans retenue*).

» VIII. Les fonds provenans des caution- » nemens des receveurs particuliers, seront » rétablis dans la caisse d'amortissement, » un tiers en l'an 10, et le surplus par » portions égales dans les deux années sui- » vantes. Ces fonds y seront destinés au » remboursement des cautionnemens, et à » opérer successivement l'amortissement de » la dette publique.

» IX. Le cautionnement en numéraire » sera remboursé pour les receveurs par- » ticuliers, comme pour les receveurs-gé-

» néraux de départemens, au choix de la » partie intéressée, soit par la caisse d'a- » mortissement, soit par le successeur, en » rapportant, par le receveur particulier » ou ses représentans, le consentement du » receveur-général qui déclarera que le re- » ceveur particulier est quitte envers lui. »

Soumissions.

Suivant l'arrêté des Consuls du 4 pluviose an 11, les receveurs particuliers des villes et communes, à la nomination du premier Consul, doivent, comme on l'a dit, donner des soumissions à l'instar de celles que les receveurs particuliers d'arrondissement souscrivent aux receveurs-généraux.

Voici, à cet égard, ce que porte l'arrêté des Consuls du 27 ventôse an 8.

« Les receveurs-généraux *sont autorisés* » à exiger, des receveurs particuliers, qu'ils » souscrivent des *soumissions* de verser à » la recette générale, le montant des con- » tributions directes, à des époques corres- » pondantes, à la différence de 15 jours » d'avance pour chaque terme, à celle dé- » terminée pour les versemens à faire au

» trésor public par les receveurs-géné-
» raux ».

Ainsi, ce sont les termes des obligations des receveurs-généraux qui doivent déterminer ceux des soumissions que les receveurs particuliers auront à souscrire, avec la différence de 15 jours d'avance sur les termes déterminés pour les receveurs d'arrondissement.

Passons maintenant aux fonctions que les percepteurs ont à remplir.

Fonctions des receveurs et percepteurs.

La première, objet principal de leur établissement, est le recouvrement. Les rôles en forment la base. Il arrive néanmoins, quant aux patentes requises dans le cours de l'année, après la formation des rôles, que le percepteur est dans le cas de recevoir les droits auxquels elles sont assujetties par les lois et le tarif qui concernent cet objet (1).

(1) Voyez *pag.* 70, 71 *et suiv. du Manuel des contributions*, par Dulaurens; pages 42 et suivantes du premier supplément, les lois, arrêtés et instructions

A cet égard, il reçoit des parties intéressées, outre le droit principal, tant fixe que proportionnel, cinq centimes par franc, destinés *au fonds de dégrèvement et de non-valeur*, leur délivre, sur papier libre, une quittance motivée de ce droit (1), et leur remet la formule de patente (2), que le maire signe ensuite sur la présentation de cette quittance.

Recouvrement.

Dès le moment que les rôles rendus exécutoires et publiés, ont été remis au percepteur, il en doit prévenir les contribuables par des avertissemens, faire la collecte dans les communes peu popu-

---

relatives aux patentes, avec la table générale, par ordre alphabétique, de toutes les professions assujetties au droit de patente par la loi du 1 brumaire an 7, et par les décisions ministérielles.

(1) On en trouvera le modèle à la suite de cette instruction.

(2) L'imprimé de cette formule est délivré *timbrée*, par le maire de la commune, au percepteur, qui s'en fait rembourser par le patentable.

leuses (1); et à défaut de paiement après les termes échus (2), faire contre les *contribuables en retard*, les poursuites et diligences nécessaires.

Par ces termes, *contribuables en retard*, on ne doit pas entendre ceux des contribuables qui, tenus de plusieurs contributions directes dans la même commune, auraient payé sur l'une ou l'autre de ces contributions des à-comptes dont le montant balancerait les portions échues de la totalité; alors, quelques imputations qui

---

(1) Sur la question de savoir si les contributions sont *portables ou requérables*, le ministre a répondu, par sa lettre au préfet des forêts, du 23 brumaire an 9, qu'il doit être tenu la main à ce que le percepteur se transporte au moins une fois par mois dans chaque village, et prenne d'ailleurs toutes les mesures propres à donner au recouvrement la plus grande activité, sans exposer le contribuable à des frais et à des poursuites.

(2) Les contributions directes sont payables à raison d'un douzième par mois; *art. 1 de l'arrêté des Consuls, du 16 therm. an 8.* Cependant celle des portes et fenêtres est payable par tiers dans les trois mois après la mise en recouvrement du rôle. *Art. XIII de la loi du 4 frimaire an 7.*

aient été faites par les quittances ou sur les rôles, ils ont payé tout ce qu'on pouvait raisonnablement exiger d'eux, et il serait injuste de les poursuivre pour celles des contributions dont ils ne se trouveraient pas, d'après les imputations, avoir payé les termes échus.

Ceci expliqué, examinons quelles sont les poursuites que peuvent et doivent faire les percepteurs contre les contribuables en retard.

Poursuites.

Les poursuites peuvent varier suivant les localités; il serait difficile d'adopter pour leur règlement un mode uniforme et général. C'est à chaque préfet, d'après les usages reçus dans son département, à les fixer de la manière qu'il avisera la plus juste et le plus propre à concilier le bien du service avec l'intérêt des administrés. *Lettre du ministre au préfet de la Vendée, du 17 germ. an 9.*

A défaut de règlement général sur cet objet (1), on a cru ne pouvoir mieux faire

(1) L'intérêt des contribuables le réclame, et le

que de rapporter, par forme d'instruction, les dispositions du règlement du préfet de la Seine, du 25 fructidor an 10, approuvé par le ministre, sur le mode de la perception des contributions directes de la ville de Paris; voici celles des dispositions de ce règlement, relatives aux poursuites.

« Art. 5. Les poursuites directes tendantes au recouvrement des contributions, se divisent en poursuites administratives et en poursuites judiciaires.

Les poursuites administratives sont :

» 1°. Les avertissemens;

---

bon ordre l'exige. Il ne doit pas dépendre des percepteurs de faire plus ou moins de frais, et d'en exiger arbitrairement. S'ils doivent suivre avec activité le recouvrement, ils doivent aussi avoir pour les contribuables les ménagemens dus à leur situation, et aux circonstances fâcheuses dans lesquelles ils peuvent se rencontrer, n'exiger d'eux, en frais, que le remboursement de leurs avances réelles, et ne pas perdre de vue qu'aucun profit illégitime ne peut compenser la perte d'une bonne réputation, et le bon témoignage de soi-même. On a lieu d'espérer que les receveurs nommés par le gouvernement, jaloux de justifier sa confiance, seront animés de ces motifs.

» 2°. La sommation;

» 3°. La contrainte collective (1).

» *Les poursuites judiciaires sont* :

» 1°. Le commandement;

» 2°. La saisie, exécution et vente.

» 6. Les porteurs de contraintes sont chargés de notifier les avertissemens, la sommation, et d'exécuter la contrainte collective.

» Le commandement et la saisie exécution sont faits par ministère d'huissiers.

» La vente par des commissaires-priseurs-vendeurs.

» 7. *L'avertissement* est une simple information, donnée par le receveur au contribuable, du montant de sa cote, et des époques auxquelles il doit s'en libérer. Des avertissemens.

» 8. Le percepteur ne doit au contribuable que deux avertissemens par chaque exercice de contribution. Le premier, aussitôt après l'émission du rôle; le second, au commencement de germinal.

» 9. Tout avertissement est notifié aux frais

(1) On a placé, à la fin de cette instruction, la formule de ces actes.

du percepteur, et sans recours contre le contribuable.

» 10. Le contribuable, qui, après avoir été duement averti, n'a pas acquitté les termes des contributions échues, peut être poursuivi par voie de *sommation*.

De la sommation.

» 11. La *sommation* est un commencement de poursuites contre le contribuable, pour le déterminer à se libérer.

» 12. Elle est notifiée *sans frais* par un porteur de contraintes, avec déclaration au contribuable, que si dans trois jours il ne s'acquitte pas, il sera constitué en état de contrainte collective.

De la contrainte collective.

» 13. La contrainte collective est le second degré de poursuite contre le contribuable, qui, ayant d'abord été averti, et ensuite sommé de se libérer, n'a pas encore payé ce qu'il doit.

» 14. Pour exercer cette poursuite, le percepteur fait un état de dix contribuables au moins, et de vingt au plus, en retard de se libérer; il remet cet état à un porteur de contraintes, lequel se transporte au domicile des contribuables, leur fait une seconde sommation de payer, et leur déclare qu'à défaut de paiement, il s'établit et séjournera chez eux.

» 15. Cette contrainte dure trois jours, pendant lesquels le porteur de contraintes, par des actes de présence effective aux domiciles des centribuables, les sollicite de s'acquitter; les frais auxquels donne lieu cette forme de poursuite, sont à la charge des contribuables dénommés dans l'état, et supportés par eux en proportion de leur débet, savoir : pour un recouvrement de 10 francs et au-dessous. . . . . . 25 centimes.

de 10 fr. à 25. 50

de 25 et au-dessus. 75

» 16. Ces frais ne doivent être payés qu'entre les mains du percepteur et sur sa quittance.

Ainsi, le contribuable qui aurait payé directement entre les mains du porteur de contraintes, serait exposé à payer deux fois; et le porteur de contraintes qui aurait exigé ou reçu de cette manière, la totalité ou partie de son salaire serait destituable.

» 17. Le contribuable qui, dix jours après avoir subi la contrainte collective, ne s'est pas libéré, peut être poursuivi par les voies judiciaires, ou même être constitué préalablement en état de contrainte individuelle, dans le cas prévu par l'article ci-après.

» 18. Lorsqu'un contribuable enlève ses meubles, gage naturel du recouvrement, le percepteur, avant de procéder contre lui par voie de commandement, peut établir sur-le-champ à poste fixe, dans son domicile, un porteur de contraintes (1), spécia-

---

(1) L'art. III de la loi du 17 brumaire an 5, contient la disposition suivante :

« Les contribuables qui n'auront pas acquitté le montant de leurs taxes, en contributions directes, dans les dix jours qui suivront l'échéance des délais fixés par les lois, y seront contraints dans les dix jours suivans, par la voie des garnisaires envoyés dans leur domicile, et auxquels ils seront tenus de fournir le logement et les subsistances, et de payer de plus un franc par jour. Ce premier délai expiré, le paiement sera poursuivi par la saisie et vente des meubles des contribuables en retard, même des fruits pendans par les racines. »

L'art. XLIV de l'arrêté du 16 thermidor an 8, veut que les porteurs de contraintes ne puissent s'établir à domicile chez les redevables qui paient moins de 40 fr. de contributions directes.

lement chargé de veiller à la conservation du gage.

» 19. Le séjour du porteur de contraintes, ne peut excéder deux jours, pendant lesquels le percepteur se met en devoir de faire procéder aux poursuites judiciaires.

» 20. Il est dû par le contribuable, pour frais de séjour du porteur de contraintes, 2 francs pour la première journée, 1 franc pour la seconde et dernière. Ces frais sont payés comme il est dit dans l'article XVI.

» 21. Au moyen des salaires réglés pour les porteurs de contraintes par les articles XV et XX du présent arrêté, il ne leur est dû aucune nourriture. S'ils en exigent, ils sont destituables.

» 22. Le *commandement* avec saisie, exécution et vente, est le dernier terme des poursuites à exercer contre le contribuable, qui, après avoir été *averti*, *sommé* et *contraint*, ne s'est pas encore libéré.

» 23. Cette forme de poursuite se compose de trois actes principaux :

Le commandement ;

La saisie ;

La vente.

Du commandement

» 24. Le commandement est fait par ministère d'huissier, à la requête du percepteur, et porte injonction de payer, dans le délai de trois jours, à peine de saisie et vente.

De la saisie-exécution.

» 25. La saisie se fait aussi par le ministère d'huissier, assisté de deux témoins Elle a lieu par suite du commandement, et à défaut de paiement, dans le délai de trois jours, sur commandement délivré par lepercepteur contre le contribuable.

»26. La forme de procéder à la saisie est la même que dans les poursuites judiciaires (1). Les lits et les vêtemens nécessaires au contribuable et à sa famille, ainsi que les outils et métiers sont insaisissables (2).

---

(1) Cette forme est indiquée par le titre XXXIII de l'ordonnance de 1667.

(2) L'ordonnance de 1667 contient d'autres exceptions; elle veut, art. XIV du titre XXXIII, qu'il soit laissé aux personnes saisies, une vache, trois brebis et deux chèvres. L'art. XVI, confirmé par l'édit d'octobre 1713, porte : les chevaux, bœufs et autres bêtes de labourage, charrues, charrettes et ustensiles servant à labourer et cultiver les terres, vignes et prés, ne pourront être saisis, *même pour*

» 27. Il ne doit être établi qu'un seul gardien, sauf le cas de nécessité absolue d'en agir autrement, et alors il en sera référé au préfet.

» 28. La vente ne peut avoir lieu que dix jours après la clôture du procès-verbal de saisie (1), et en vertu d'autorisation spéciale du préfet, accordée sur la demande expresse du percepteur. De la vente.

» 29. Cette autorisation étant accordée, l'annonce de vente doit être affichée aux lieux accoutumés et signifiée avant le jour de l'ouverture, tant à la partie saisie, qu'au gardien (2); le tout par ministère d'huissier.

---

nos propres deniers, à peine de nullité, de tous dépens, dommages, intérêts, et de 50 fr. d'amende contre le créancier et le sergent solidairement.

La loi du 28 septembre 1790, défend, à peine de 100 fr. d'amende, de saisir les ruches en autres mois que ceux de *frimaire*, *nivôse* et *pluviôse*, et les vers à soie pendant leur travail.

(1) Ces dix jours doivent être *francs*, art. XII du tit. XXXIII de l'ordonnance de 1667, et la vente doit être précédée d'une signification judicative des jours, lieux et heures auxquels elle doit être faite, art. XI du même titre.

(2) L'usage est de mettre un intervalle de huit

» 32. Le commissaire-priseur-vendeur est tenu de discontinuer la vente aussitôt que ses produits suffisent pour solder le montant des contributions dues et les frais.

» 33. Les frais auxquels donnent lieu les actes mentionnés ci-dessus, consistent dans ceux ci-après réglés :

» 1°. Frais de commandement : à l'huissier pour la signification de cet acte, 75 cent.

» 2°. Frais de saisie : à l'huissier, pour l'exploit de saisie, 2 francs ; aux deux témoins, à raison de 75 centimes chacun, 1 franc 50 centimes.

» 3°. Frais de vente : à l'huissier, pour signification de l'annonce de vente, tant à la partie qu'au gardien, 1 fr. 25 cent.

» Au même, pour le procès-verbal d'affiches et sa dénomination, 3 fr.

» Quant au commissaire-priseur-vendeur, ses droits sont fixés par la loi du 27 ventôse an 9.

---

jours entre la signification et la vente, qu'on peut indiquer par le procès-verbal de saisie.

Au surplus, il ne suffit pas d'appeler à la vente par cette signification, la partie saisie et le gardien, il faut y appeler aussi les opposans, s'il y en a.

» 34. Indépendamment des frais réglés par l'article précédent, il est dû le droit de timbre (1), celui d'enregistrement, et les autres déboursés légitimement faits.

» 36. Les poursuites indirectes tendant au recouvrement des contributions, sont :

» 1°. La saisie-arrêt entre les mains du fermier ou locataire ;

» 2°. Le recours contre le propriétaire locateur ;

» 37. Lorsque le propriétaire contribuable ne réside pas dans la commune de la situation du fonds imposé, il y est représenté pour le paiement de sa cote par son fermier ou locataire ; et le percepteur dé-

(1) Le premier et second avertissement, le procès-verbal même d'établissement de garnisaire, qui est motivé sur le défaut d'avoir satisfait aux commandemens, et ne contient aucun nouveau commandement de payer, sont faits sur papier libre par simple voie d'administration ; mais si le contribuable ne se met pas en règle après ces premiers actes, alors commencent les poursuites judiciaires, et tous les actes qui précèdent accompagnent ou suivent les ventes, sont assujettis au timbre et à l'enregistrement. *Loi du 27 pluviôse an 6.*

cerne en conséquence contre ce dernier, les contraintes prescrites ci-dessus.

Saisies-arrêts.

» 38. Si le propriétaire contribuable habite la même commune que son fermier ou locataire, il doit d'abord être contraint administrativement dans les formes autorisées par les dispositions du chapitre 1er. du titre II (*Art. V et VI ci-dessus.*) A défaut de paiement, le percepteur procède ensuite par saisie-arrêt entre les mains du fermier ou locataire.

» 39. La saisie-arrêt à former dans le cas prévu par l'article précédent, est faite par ministère d'huissier, à la requête du percepteur, et conformément aux dispositions suivantes.

» 40. Le montant du terme ou des termes échus du fermage ou de la location, doit être saisi en premier ordre, jusqu'à concurrence de la somme due par le contribuable, au moment de la saisie; et si ce montant suffit, on ne peut saisir au delà.

» 41. S'il n'y a pas de termes échus, ou si le montant est au dessous de la somme due par le contribuable, le terme courant et même les termes suivans, doivent être arrêtés s'il est nécessaire, pour sûreté de la somme due, sauf, dans ce cas, l'exercice direct des poursuites judiciaires contre le propriétaire.

» 42. S'il y a plusieurs fermiers ou locataires, le percepteur est tenu de s'adresser d'abord à celui d'entr'eux dont le prix de bail est le plus élevé, et de régler ainsi sur le plus haut prix de fermage ou de location, l'ordre des saisies successives, s'il y a lieu d'en faire.

» 43. Le fermier ou locataire saisi, est tenu de faire sa déclaration dans le délai de trois jours, par-devant le maire de son arrondissement.

» 44. Il ne peut être contraint au paiement des sommes par lui dues, qu'aux époques déterminées pour le paiement de son fermage ou loyer.

» 45. Le fermier ou locataire en retard de payer la somme arrêtée entre ses mains, est poursuivi par voie de commandement, saisie-exécution et vente dans les formes indiquées au chapitre II, titre II (*Art. XXII jusqu'à XXV ci-dessus*,) contre le contribuable direct.

« 46. Il est dû à l'huissier pour chaque exploit de saisie-arrêt, 75 centimes. »

Autres poursuites.

Jamais, au surplus, il n'y a lieu, pour les contributions directes, à prendre la voie de l'expropriation forcée sur les immeubles. *Lettre du ministre au préfet de la Vienne, du 24 germinal an 9.*

Mais le percepteur, lorsqu'il est dû plus d'une année et celle courante de la contribution foncière, peut prendre une inscription hypothécaire contre le débiteur.

On peut ajouter à tout ce qui est dit ci-dessus, que relativement au recouvrement de la contribution des *portes et fenêtres*, les poursuites peuvent être accélérées, en les dirigeant d'après l'article XIV de la loi du 4 frimaire an 7, dont voici la disposition :

« Les redevables seront contraints au » paiement de la contribution par saisie et » vente de leur mobilier, 24 heures après » le commandement qui leur sera fait par » écrit par le percepteur.

» L'exécution pourra porter sur les meu- » bles et effets des locataires, jusqu'à con- » currence des sommes par eux dues. »

Des peines attachées à la négligence des percepteurs.

Responsabilité.

« Les percepteurs des communes ou de » canton, sont *responsables* de la non ren- » trée des sommes qu'ils ont été chargés de » recevoir ; et ils pourront être contraints » par la vente de leurs biens, à rempla- » cer les sommes pour la perception des- » quelles ils ne justifieront point avoir fait » les diligences de droit dans les 20 jours » de l'échéance, sauf leur recours contre » les redevables. » *Art. CXLVII de la loi du 3 frimaire an 7.*

Privation de remises.

» Ils pourront être contraints par la *pri-* » *vation de toutes leurs remises* sur les » sommes non recouvrées pour lesquelles » ils ne pourront justifier avoir fait les dili- » gences prescrites par la loi, et dans les » délais qu'elle aura déterminé. » *Art. II de la loi du 17 brumaire an 5.*

L'arrêt du conseil du 9 juin 1711, qui

enjoint aux propriétaires et principaux locataires, de se faire représenter, un mois avant le déménagement de leurs locataires, la quittance du paiement de leur capitation, à peine d'en demeurer responsables, et les autorise à donner avis, dans ce délai, aux préposés à la recette, de ceux qui quitteront leurs maisons pour demeurer déchargés des taxes des redevables, porte, que dans ce cas, « les préposés » seront tenus de faire les diligences nécessaires à l'encontre des redevables avant » leur déménagement, même de faire vendre leurs meubles jusqu'à concurrence de » ce qui se trouvera par eux dû de la capitation, *à peine d'en demeurer garans » et responsables*, sans qu'aucune desdites » taxes puisse leur être allouée ou reprise » dans leurs comptes, si ce n'est en cas » d'insolvabilité des redevables, ou qu'ils » soient sortis furtivement sans avoir payé » leurs loyers; ce qui sera justifié par les » procès-verbaux qui en seront rapportés » par lesdits préposés, en bonne forme, » certifiés par les propriétaires ou principaux locataires. »

Etablissement de garnisaires chez les percepteurs.

Dans les cas prévus par les articles XXXI, XXII et XLII ci-après de l'arrêté des Consuls, du 16 thermidor an 8, les percepteurs peuvent être contraints par voie de l'établissement de garnisaires en leurs maisons, à leurs frais.

« Art. 31. Les porteurs de contraintes » vérifieront, à leur arrivée dans la com- » mune, en présence du maire ou de son » adjoint, la situation du percepteur, d'a- » près les sommes qu'il aura reçues, et les » quittances que le percepteur lui aura dé- » livrées.

» Art. 32. Les porteurs de contraintes » s'établiront à domicile réel chez le per- » cepteur, et à ses frais, sans répétition » contre les redevables, et avant de pou- » voir exercer contre eux aucune poursuite » ni contrainte dans les cas suivans :

» 1°. Si, sur les informations que pren- » dront d'abord les porteurs de contrain- » tes, les maire ou adjoint leur attestent, » par écrit, que le percepteur n'a pas fait

» toutes les diligences auxquelles il est
» obligé, pour dispenser le receveur de
» poursuivre les redevables.

» 2°. Si le percepteur a recouvré et con-
» servé entre ses mains le tiers de la somme
» exigée par la dernière contrainte.

» 3°. Si le percepteur a commis un di-
» vertissement de deniers, constaté par un
» procès-verbal de porteur de contraintes,
» affirmé devant le maire ou son adjoint.

» Art. 42. Le percepteur, à la première
» réquisition faite en présence du maire ou
» de son adjoint, indiquera aux porteurs
» de contraintes la demeure et les facultés
» connues du redevable ; en cas de refus
» de la part des percepteurs, les porteurs
» de contraintes s'établiront à domicile réel
» chez celui-ci, à ses frais, et sans répéti-
» tion contre les redevables. »

On conçoit que ces dispositions ne sont applicables qu'aux percepteurs non soumissionnaires. Il suffit aux autres, pour être à l'abri des poursuites et de la perte de leurs remises, de faire leurs versemens dans les termes et délais de leurs soumissions.

Vente des biens des percepteurs en déficit, et contraintes par corps.

Tout percepteur en retard de verser, ou qui se trouve en déficit, doit être poursuivi, à la diligence du receveur particulier de l'arrondissement, par toutes les voies de droit, même par saisie et vente de son mobilier, et expropriation forcée de ses immeubles; mais il peut encore être contraignable par corps, comme retentionnaire de deniers publics.

Déchéance de recours.

« Les percepteurs des communes ou de » canton qui n'auraient fait aucune pour- » suite contre un ou plusieurs redevables » en retard, pendant trois années consécu- » tives, à compter du jour où le rôle leur » aura été remis, perdront leurs recours, » et seront *déchus* de tous droits, et de » toute action contre eux. » *Art. CXLIX de la loi du 3 frimaire an 7.*

« Ils perdront aussi leur *recours*, et se- » ront pareillement *déchus* de tous droits

» et de toute action pour sommes restantes
» dues et non payées par les contribuables
» après trois ans de cessation de poursuites
» contre lesdits contribuables. » *Ibidem art. CL.*

Quittances.

« Les percepteurs donneront *quittance*
» aux contribuables, des sommes qu'ils re-
» cevront; elle sera sur papier non timbré. »
Art. CXL de la loi du 3 frimaire an 7.

« Il ne pourra rien exiger pour cette *quittance.*» *Art. XVI de l'arrêté du* 16 *thermidor an* 8.

Emargemens et croisement des articles soldés.

« Les percepteurs seront tenus d'*émar-*
» *ger* exactement, sur les rôles, les paie-
» mens, à mesure qu'il leur en sera fait, et
» de décharger ou de *croiser*, en présence
» des contribuables, les articles entière-
» ment soldés, et de leur en donner quit-
» tance s'ils en sont requis. » *Art. XIII de la loi du* 2 *octobre* 1791.

« Les percepteurs *émargeront* en toutes

» lettres sur leurs rôles, à côté des articles » respectifs, les différens paiemens qui leur » seront faits, à l'instant même qu'ils les » recevront. » *Art.* CXLI *de la loi du 3 frimaire an 7.*

« Toute contravention à l'article précé» dent, pourra être dénoncée par le con» tribuable intéressé, par l'agent munici» pal ou son adjoint, et par le commissaire » du Directoire exécutif près l'administra» tion municipal [*le maire ou l'adjoint*] ; » elle sera punie correctionnellement, » d'une amende de dix francs au moins, » et de vingt-cinq francs au plus. » *Ibidem art.* CXLII.

Relevés ou Bordereaux.

« Les percepteurs des communes tien» dront, indépendamment des rôles des » contributions, un *relevé ou bordereau*, » sur lequel ils rapporteront, jour par jour, » les noms des contribuables qui auront » effectué des paiemens, et le montant des » sommes remises. » *Prem. part. de l'article* CXLIII *de la loi du 3 frimaire an 7.*

Leur clôture et arrêté.

« Ils le feront *clore et arrêter* par l'agent
» de la commune, tous les dix jours au
» moins. » *IIme. part. de l'art.* CXLIII *de
la même loi.*

Nota. Cette disposition est conforme à
l'article II de la loi du 17 brumaire an 5,
qui exige de plus, que la *clôture et l'arrêté*
soient faits la veille du versement chez le
receveur du département ou de l'arrondissement.

Versemens.

« Les percepteurs des communes seront
» tenus à l'avenir *de verser* le produit de
» leur recette chez le receveur du département,
» ou entre les mains des préposés
» (*les receveurs d'arrondissement*) au
» moins une fois par décade; ceux qui
» seront en retard, et qui n'auront pas prévenu
» le receveur qu'ils n'ont rien reçu
» dans les dix jours précédens, y seront
» contraints par une escorte de gendarmerie,
» dont ils seront tenus de payer les
» frais à raison de 5 francs par jour pour

» chaque gendarme. » *Art.* X *de la loi du 17 brumaire an* 5.

» Les percepteurs des communes ou des » cantons *verseront*, chaque décade au » proposé ou receveur de leur arrondisse- » ment, les sommes qu'ils auront reçues » dans la décade précédente ; ceux qui se » trouveront en retard de verser, ou qui » n'auront pas prévenu le préposé ou re- » ceveur de leur arrondissement qu'ils n'ont » rien reçu dans la décade précédente, » pourront être contraints. » *Art.* CLXV *de la loi du 3 frimaire an 7*.

On répète que les dispositions des deux articles précédens, en ce qui concerne la quotité du versement, ne peuvent s'appliquer aux receveurs soumissionnires qui ne peuvent être contraints de verser qu'aux termes de leurs soumissions.

Quittances du versement.

» Les quittances du receveur ou préposé » seront rapportées à la suite du borde- » reau. » *Ibid. art.* CXLIII.

Leur visa.

« Lorsque les percepteurs des contributions directes effectueront des versemens dans les caisses du receveur ou de ses préposés, ils seront tenus de faire *viser*, dans les 24 heures, les récipissés qu'ils en auront reçus par le commissaire du Directoire exécutif, (*les sous - préfets*) près l'administration municipale de la résidence du receveur ou préposé, à peine d'être privés de leurs remises sur les sommes comprises dans les récépissés de leurs versemens chez les préposés. » *Art. XIV de la loi du* 17 *fructidor an* 7.

« Tous récépissés non *visés*, ne pourront servir dans aucun cas de décharge aux percepteurs ni aux préposés aux recettes. *Ibidem art. XX*.

» Les percepteurs et les préposés aux recettes qui auront négligé de faire viser leurs récépissés, seront en outre privés de leurs remises sur le montant des récépissés non visés. » *Ibid. art. XXI*.

Nota. La formalité du *visa* ci-dessus prescrite n'a point été abrogée; mais, au lieu d'être requise par le percepteur, c'est au receveur particulier d'arrondissement à la demander.

« Lorsqu'un percepteur de commune, ou » un préposé de l'enregistrement et des » domaines, apportera quelques fonds au » receveur particulier (*d'arrondissement*), » celui-ci rédigera le récipissé, l'enverra » au sous-préfet pour être visé par lui, et » le remettra revêtu de ce *visa* au percep- » teur ou au préposé. » (*Circulaire du mi- » nistre, du 25 floréal an* 8.)

Vérification de caisse.

Les percepteurs ne peuvent se refuser, envers les maires et adjoints, à la vérification de leurs *caisses*, rôles et bordereaux ; en cas de refus, ils pourront être poursuivis comme retentionnaires de deniers publics.

Recettes et dépenses locales des communes.

« Les recettes municipales seront faites » par les percepteurs des contributions fon- » cière et personnelle de la commune, qui

» retiendra à cet effet, sur chaque cote par
» lui recouvrée, et à fur et mesure du re-
» couvrement, les centimes additionnels
» destinés à pourvoir aux dépenses muni-
» cipales. (1) » *Art. XXX de la loi du 1[illegible]
frimaire an 7.

» Ces dépenses seront acquittées par lui
» sur les mandemens du maire, et ce
» jusqu'à concurrence de l'état duement
» arrêté, et dans la proportion des rentrées
» successives des centimes additionnels

---

(1) Voici ce que porte l'article VIII de la loi du 21 ventôse an 9, sur les dépenses municipales. « Les » conseils municipaux des villes, bourgs et villa- » ges, répartiront la somme nécessaire pour leurs » dépenses, d'après la fixation qui en aura été faite. » Cette somme ne pourra excéder 5 centimes par » franc du principal; ladite somme sera *retenue* par » le percepteur de chaque commune, et employée » par lui, à l'acquittement des dépenses munici- » pales. »

Les percepteurs doivent recevoir aussi le dixième attribué aux communes, dans le produit des patentes, prélèvement fait sur ce dixième de deux décimes par franc, attribués à la direction des contributions, pour frais des rôles.

destinés

» destinés à y pourvoir, et des autres reve-
» nus de la commune. » *Ibid. art. XXXI.*

» Le surplus des recettes faites par lui » sera versé, conformément aux règles éta- » blies, dans la caisse du receveur-général » du département, ou dans celle de son » préposé (le receveur d'arrondissement.) *Ibid. art. XXXII.*

Comptes de ces recettes et dépenses.

« Les maire et percepteur de chaque » commune rendront respectivement au » conseil municipal, dans la cession du 15 » pluviôse de chaque année, le compte des » recettes et dépenses municipales faites » pendant l'année précédente. » *Art. LVIII de la loi du 11 frimaire an 7.*

» Le sous-préfet arrêtera ces comptes » dans le courant de vendémiaire suivant. » *Loi du 28 pluviôse an 8.*

« Les pièces à l'appui resteront déposées » dans les archives. En cas de difficulté, il » en sera référé au préfet qui prononcera.

» Tous maires, percepteurs de com- » munes, administrateurs civils ou de po- » lice, préposés aux recettes municipales,

» qui ne rendaient pas compte dans les dé-
» lais fixés par les articles LVIII, LIX et
» LXI, seront dénoncés par le préfet au
» commissaire du Gouvernement près le
» tribunal civil, et sauf néanmoins l'autori-
» sation du Gouvernement à l'égard de ses
» agens, lesquels seront préalablement sus-
» pendus de tout exercice. » *Art. LXIV de la loi du 11 frimaire an 7.*

« Ils seront condamnés à payer, entre les
» mains du receveur du département, par
» forme de consignation suivant les cas, le
» cinquième du montant présumé de leurs
» recettes, telles que les états en auront été
» respectivement arrêtés en vertu des ar-
» ticles précédens. » *Ibid. Art. LXV.*

Remises des percepteurs.

La loi du 4 frimaire an 7, concernant la contribution des portes et fenêtres, porte art. IX, « que la remise de chaque percep-
» teur sera, par franc du quart de ce qui
» leur est alloué aussi par franc, pour la
» levée des autres impositions. »

Quant à ces dernières, la quotité des remises dépend du titre de la commission.

Elles sont fixées, quant aux adjudicataires de la perception, par leur adjudication même, sans pouvoir excéder cinq centimes pour franc; quant aux percepteurs nommés par le Gouvernement, elle est déterminée par leurs commissions : le *maximum* est de 4 centimes. A l'égard des percepteurs nommés d'office, leur remise est fixée à 5 centimes, dans le cas où ils fournissent une caution; et dans le cas contraire, elles ne peut excéder 3 centimes.

Les remises des percepteurs sont dues, et se perçoivent en sus des principaux et des centimes additionnels, excepté celles attribuées sur les patentes qui sont prises en dedans sur le produit de la recette.

Elles sont dues également aux percepteurs sur le produit des centimes additionnels accordés aux communes. L'art. XXXIX de la loi du 11 frimaire an 7 l'a statué ainsi :

« Le percepteur de chaque commune » jouira, sans le produit des centimes ad» ditionnels destinés aux dépenses munici» pales et communales, d'une remise égale » à celle dont il jouira sur ses autres re-

» cettes. Cette remise fera partie des frais
» de perception à la charge de la commune.
» Il ne lui sera alloué aucune remise pour
» les autres revenus communaux, dont la
» recette fera partie des autres conditions
» et charges de son adjudication.

Privilège des percepteurs sur les biens des contribuables.

Sur les immeubles.

Le percepteur a *privilège* sur les *immeubles*, en cas de vente, sans qu'il soit besoin d'inscription, pour une année échue et celle courante de la contribution foncière. *Art. XI de la loi du* 11 *brumaire an* 11.

Quant aux autres contributions, la loi ne s'est pas expliquée; dès-lors il n'y a pas lieu à les exiger par privilège sur les immeubles.

Sur le mobilier.

A l'égard des meubles ou objets mobiliers des contribuables, il n'est pas douteux que le percepteur doit venir à l'ordre de son privilège pour toutes les contributions exigibles; c'est-à-dire, qu'il doit être le premier payé après les frais de justice et de vente, les frais funéraires, les médecins, chirurgiens et apothicaires, pour la dernière maladie, et les propriétaires des maisons et fermes sur les meubles et fruits étant en icelles, pour une année de loyer. Ce privilège résulte de nombre de lois, et notamment de celle de 18 août 1791, dont il est bon de rappeler les dispositions.

« Tous huissiers-priseurs, receveurs de » contributions, commissaires aux saisies-» réelles, notaires, séquestres, et tous au-» tres dépositaires de deniers, ne remettront » aux héritiers, créanciers et autres person-» nes ayant droit de toucher les sommes » séquestrées et déposées, qu'en justifiant » du paiement des impositions mobiliaires » et contributions patriotiques dues par les » personnes, du chef desquelles lesdites » sommes sont provenues : seront même » autorisés, en tant que de besoin, lesdits » séquestres et dépositaires à payer direc-» tement les contributions qui se trouve-» raient dues, avant de procéder à la déli-» vrance des deniers, et les quittances des-» dites contributions leur seront passées en » compte. »

Justiciabilité.

Le décret du 16 fructidor an 3, fait défense aux tribunaux de connaître des actes d'administration de quelqu'espèce que ce soit; en conséquence, le percepteur, en ce qui concerne ses fonctions, ne doit connaître en demandant ou en défendant, en cause principale et civile, que l'autorité administrative, et requérir son renvoi dans le cas où il serait traduit ailleurs que devant elle.

Traduction des percepteurs en matière de délits.

Par un arrêté des Consuls du 10 floréal an 10, les préfets sont autorisés, après avoir pris l'avis des sous-préfets, à traduire devant les tribunaux, sans recourir à la décision du conseil d'Etat, les percepteurs des contributions directes pour délits relatifs à leurs fonctions.

Avances et remboursemens des percepteurs.

Suivant l'art. XLVII de l'arrêté du 16 thermidor an 8, le percepteur, sauf à s'en rembourser sur les redevables, doit avancer au receveur particulier (d'arrondissement) sur le bulletin taxé et quittancé qu'il lui en fournira, les frais de séjour des porteurs de contraintes chez les contribuables.

SUPPLÉMENT.

Dans le moment où cette instruction était sous presse, on a eu connaissance d'un arrêté du préfet du département de la Seine, portant règlement pour la perception des contributions directes dans les *arrondissemens ruraux* de ce département.

Cet arrêté pouvant recevoir une application plus générale que celui du 25 fructidor an 10, donné pour la ville de Paris, dont plusieurs articles sont rapportés dans l'instruction, on s'écarterait des vues qu'on s'est proposé d'être utile au plus grand nombre, si on ne s'imposait pas la loi de le faire connaître ici. On y est d'autant plus autorisé, que les dispositions de cet arrêté ne laissant rien à desirer pour l'instruction des percepteurs, il dispense de donner les formules d'actes qui devaient terminer cet essai.

Arrêté du préfet du département de la Seine, relatif au mode de perception des contributions directes dans les arrondissemens ruraux de son département.

Du 1er. germinal an II.

Le préfet *etc.*, vu *etc.*, considérant que dans les *communes rurales* les percepteurs sont, aux yeux de la loi, les contribuables en première ligne, puisqu'en cas de retard dans la rentrée des contributions, c'est contre les percepteurs que le receveur particulier doit d'abord procéder, et qu'il ne peut décerner des contraintes directes contre des personnes portées aux rôles, qu'autant que les percepteurs justifieront avoir fait toutes les diligences auxquelles ils étaient obligés pour dispenser le receveur de poursuivre les redevables; arrête ce qui suit :

TITRE PREMIER.

Dispositions générales.

Art. 1er *Cet article concerne les termes de paiement. V. à cet égard le note p. 22 de l'instruction.*

« Art. 2. La contribution foncière est due
» par le propriétaire des fonds ou des bâti-
» mens imposés et subsidiairement par le
» fermier ou locataire. »

» Art. 3. La contribution personnelle
» somptuaire et mobiliaire, et le droit de
» patentes sont dus par le contribuable no-
» minativement désigné dans le rôle. Ce-
» pendant le propriétaire est garant du
» recouvrement, 1°. dans le cas de démé-
» nagement et enlèvement de meubles
» effectués par le contribuable, avant
» l'expiration de son bail; 2°. dans le cas
» de déménagement et enlèvement de
» meubles effectués même avant l'expira-
» tion du bail, si un mois avant cette expi-
» ration, le propriétaire n'a pas eu soin
» d'en prévenir le percepteur, et s'il n'a
» pas une reconnaissance par écrit de cet
» avertissement, ou un acte authentique
» qui le constate ». *V. la disposition de l'arrêt du conseil du* 9 *juin* 1711 *p.* 37 *et* 38.

« 4. La taxe des portes et fenêtres est
» due par le propriétaire de la maison
» taxée, sauf le recouvrement proportion-

» nel sur chacun de ses locataires, à raison » du nombre de portes et fenêtres à l'usage » de chacun d'eux. »

L'art. 5, titre 2 de la perception, *concerne l'établissement des percepteurs en chaque commune. V. ce qui est dit à ce sujet p. 4, 5 et 6.*

L'art. 6 *est renfermé dans la note p. 3.*

L'art. 7 *concerne les émargemens, croisemens d'articles et quittances. V. la loi p. 41 et 42.*

Les art. 8 et 9 *concernent les relevés et bordereaux que doit tenir le percepteur, leur clôture et son versement. V. page 43, 44 et 45.*

L'art. 10 *concerne la responsabilité des percepteurs. V. responsabilité et privation de remises, p. 37.*

Les art. 11 et 12 *concernent la déchéance faute de poursuites. V. déchéance, p. 41.*

TITRE III.

Des poursuites en général.

« Art. 13. Les receveurs particuliers dé- » cernent, dans leurs arrondissemens res-

» pectifs, les contraintes contre les percep-
» teurs et les contribuables en retard, de
» se libérer : les contraintes sont signées par
» le receveur particulier, et ne sont mises
» à exécution qu'après avoir été visées par
» le sous-préfet de l'arrondissement. » *Arrêté du 16 thermidor an 8, art.* 30.

Les art. 14, 15, 16, 17 et 18, *concernent le choix, le nombre, les qualités et la nomination des porteurs de contraintes.*

L'art. 19 *veut qu'ils soient munis de leur commission dans l'exercice de leurs fonctions, conformément à l'art.* 22 *de l'arrêté des Consuls du* 16 *thermidor an* 8.

L'art. 20 *charge le receveur particulier d'assigner à chacun d'eux les communes où ils pourront exercer.*

TITRE IV.

Des poursuites à exercer contre les percepteurs.

« Art. 21. Les porteurs d'une contrainte
» la présentent, à leur arrivée dans une
» commune, au maire ou à son adjoint, et

» en demandent la publication. » *Arrêté du* 16 *thermidor an* 8, *art.* 40.

« Art. 22. Les maires ou adjoints ne peu-» vent, sous aucun prétexte, refuser de » publier la contrainte qui leur est pré-» sentée, sauf, s'il y a lieu, à adresser au » sous-préfet les observations qu'ils juge-» ront convenables, et ce, sous les peines » portées par la loi. »

Les art. 23 et 24 *forment l'objet des articles* 31 *et* 32 *de l'arrêté des Consuls du* 16 *thermidor an* 8, *rapportés p.* 39 *et* 40.

Il faut ajouter à l'article 24 la disposition suivante que renferme l'arrêté du préfet: « Les porteurs de contraintes ne peuvent » rester plus de cinq jours chez le même » percepteur. » *Art.* 32 *et* 39 *de l'arrêté du* 16 *thermidor an* 8.

« Art. 25. En cas de divertissement de » deniers, de la part du percepteur, le re-» ceveur particulier, aussitôt qu'il en a reçu » l'avis, fait faire toutes les saisies et actes » conservatoires ; il peut en outre décer-» ner une contrainte par corps contre le » percepteur, laquelle néanmoins ne peut » être mise à exécution qu'après avoir été

» visée par le juge-de-paix de l'arrondisse-» ment. » *Arrêté du* 16 *thermidor an* 8, *art.* 33.

L'art. 26 *ordonne*, *dans le cas précédent*, *une nouvelle adjudication de la perception conformément à l'article* 34 *de l'arrêté des Consuls précité*, *rapporté p.* 10.

« Art. 27. Si dans les cinq jours suivans » la somme divertie n'est pas remplacée, » le receveur particulier fait procéder à la » vente des meubles et effets du percepteur, » même à l'expropriation forcée de ses im-» meubles, jusqu'à concurrence de ladite » somme; et en cas d'insuffisance, il est » procédé, par les mêmes voies, sur le » cautionnement, sans préjudice des pour-» suites extraordinaires auxquelles le diver-» tissement de deniers pourrait donner » lieu. » *Arrêté du* 16 *thermidor an* 8, *art.* 35 *et* 36.

TITRE V.

Des poursuites contre les contribuables.

Art. 28. *V. cet article qui forme l'art.* 5 *du premier arrêté du préfet*, *p.* 24 *et* 25.

CHAPITRE PREMIER.

Des poursuites administratives.

§ I.

Des avertissemens.

Art. 29, 30, 31 et 32. *V. ces quatre articles qui forment les art.* 7, 8, 9 *et* 10 *du premier arrêté du préfet, p.* 25 *et* 26.

§ II.

De la sommation.

Art. 33. *V. cet article qui forme le* 11e. *du premier arrêté du préfet, p.* 26.

« Art. 34. La sommation est notifiée par » le porteur de contraintes, avec déclara- » tion au contribuable que si, dans trois » jours, il ne se libère pas, il sera constitué » en état de contrainte collective. »

» Art. 35. Le contribuable *doit* 5 *cent.* » pour frais de cette sommation : il en fera » le paiement suivant le mode prescrit par » le titre 7 ci-après. » *Arrêté du* 16 *thermidor an* 8, *art.* 41.

§ III.

De la contrainte collective.

Art. 36. *V. cet article qui forme le 13e du premier arrêté du préfet*, *p.* 26.

« Art. 37. Cette poursuite s'exerce au nom » du receveur particulier de l'arrondisse- » ment, en vertu des contraintes qu'il a » droit de décerner à l'échéance de chacun » des termes indiqués par la loi, contre les » percepteurs et les contribuables en retard » de se libérer. »

« Art. 38. Pour l'exercice de la contrainte » collective, le porteur de contraintes, » après avoir vérifié que le percepteur ne » se trouve pas dans le cas prévu par l'ar- » ticle 24 du présent arrêté, fait sur le rôle » le relevé des contribuables en retard, et » les porte sur un bulletin. » *Arrêté du 16 thermidor an 8, art. 41.*

« Art. 39. Le bulletin ne doit compren- » dre que les redevables qui ont d'abord » été avertis, et ensuite sommés de se li- » bérer ».

» Art. 40. Le porteur de contraintes se transporte

» transporte au domicile des contribuables
» dénommés dans le bulletin, leur fait une
» seconde sommation de payer, contenant
» déclaration, qu'à défaut de paiement,
» il s'établira et séjournera chez eux. »

« Art. 41. Cette contrainte est limitée à
» 5 jours, pendant lesquels le porteur de
» contraintes, par des actes de présence
» effective au domicile des contribuables,
» les sollicite de se libérer. »

« Art. 42. Les porteurs de contraintes,
» pendant leur séjour dans la commune,
» auront le logement, et une place au feu
» commun, le premier jour chez le plus
» fort contribuable en retard compris au
» bulletin, et successivement chez les qua-
» tre autres plus forts redevables, sans pou-
» voir loger plus d'un jour chez le même. »
Arrêté du 16 thermidor an 8, art. 44.

Art. 43. Les frais de contraintes ne pour-
» ront excéder le taux ci-après; savoir :

» Pour un recouvrement au-dessous

» de 10 fr.	» f.	20 c.
» de 10 à 25.	»	40
» de 25 à 50.	»	60
» de 50 à 100.	1	

» de 100 fr. et au-dessus, à quelque somme que la contribution puisse s'élever. . . 1 50

« Ces frais sont à la charge des contri» buables en retard, dénommés dans le » bulletin, et supportés par eux en propor» tion de leur débet. »

« Art. 44. Les frais ci-dessus énoncés ne » doivent être payés qu'entre les mains du » percepteur, suivant le mode prescrit par » l'article 7 ci-après. »

« Art. 45. Les contribuables qui, dix jours » après avoir subi la contrainte collective, » ne se seront pas libérés, pourront être » poursuivis par les voies judiciaires, ré» glées par le chapitre suivant :

Art. 46 *conforme à l'art.* 18 *du premier arrêté du préfet*, *p.* 28.

Art. 47, *conforme à l'art.* 19 *du premier arrêté*, *sauf le délai de trois jours au lieu de deux*, *p.* 29.

« Art. 48. Le porteur de contraintes est » tenu, sous peine d'être privé de son sa» laire, de faire certifier chaque jour, par » le maire ou son adjoint, sa présence effec-

» tive au domicile du redevable chez le-
» quel il séjourne. »

« Art. 49. Il est dû par le contribuable,
» pour frais de séjour du porteur de con-
» traintes, 1 fr. 50 cent. par jour. Ces frais
» seront payés entre les mains du percep-
» teur, suivant le mode prescrit par le
» titre 7 ci-après. »

« Art. 50. Au moyen du salaire réglé
» pour les porteurs de contraintes, il ne leur
» est dû aucune nourriture ; s'ils en exi-
» gent, ils sont destituables. »

CHAPITRE II.

Poursuites judiciaires.

Art. 51 et 52 *conformes aux art.* 22 *et* 23 *du premier arrêté*, *p.* 29.

§ I.

Du commandement.

« Art. 53. Le commandement est fait
» par le porteur de contraintes, à la re-
» quête du percepteur, et porte injonction
» de payer dans le délai de trois jours, à
» peine de saisie et vente. Ce commande-

» ment n'est assujetti au timbre et à l'en-
» registrement, que lorsqu'il s'agit de cote
» au dessus de 25 fr. » *Arrêté des Consuls*
» *du* 16 *thermidor an* 8, *art.* 29.

§ II.

De la saisie.

Les art. 54, 55 et 56 *correspondent aux art.* 25, 26 *et* 27 *de l'arrêté pour* **Paris**, *p.* 30 *et* 31, *avec la différence seulement que dans le second arrêté, la poursuite se fait à la requête du percepteur par un porteur de contraintes, assisté de deux témoins, et non par un huissier.*

Les art. 57, 58, 59 et 60, *sont relatifs aux formalités des saisies-exécution.*

§ III.

De la vente.

Les art. 61, 62, 63, 64 et 65 de ce §, *exigent l'autorisation spéciale du sous-préfet, donné sur l'avis du receveur particulier, pour procéder à la vente, et veulent que la vente soit faite par un porteur de contraintes, qui sera tenu de la suspen-*

dre dès que le produit sera suffisant pour solder la contribution et les frais.

§ IV.

Des frais.

Les articles 66 et 67 de ce § règlent les frais ainsi qu'il suit :

Pour le commandement. . . .	» fr.	50 c.
Pour le procès-verbal de saisie.	1	50
Pour les deux témoins, à chacun.		75
Au gardien, par jour.	1	50
Pour la signification de l'annonce de vente, tant à la partie, qu'au gardien. . . .	1	
Pour le procès-verbal d'affiches et sa dénonciation.	2	
Pour le procès-verbal de vente et vacation du porteur de contraintes qui y procède, par journée.	4	

Le tout outre le timbre, l'enregistrement des actes, et les autres déboursés légitimes.

« Art. 68. Aucun des frais ne peuvent
» être payés en d'autres mains qu'en celles

» du percepteur, suivant le mode prescrit
» par le titre 7 ci-après. »

TITRE VI.

Des poursuites indirectes.

» Art. 59. *Cet article forme le 56e. de
» l'arrêté pour Paris, ci-dessus. Voyez-le,
» p. 33.*

§ Ier.

De la saisie-arrêt entre les mains du fermier ou locataire.

Les art. 70 *jusques et compris* 78 *se rapportent aux articles* 36 *jusques et compris* 45 *de l'arrêté pour* **Paris**, (*p.* 33, 34 *et* 35), *avec cette différence seulement*, *que les exploits doivent être faits par un porteur de contraintes*, *et non par un huissier.*

« Art. 79. Il est dû par le fermier ou loca-
» taire, sauf son recours contre le proprié-
» taire-locateur, pour chaque exploit de
» saisie, 50 centimes, outre le timbre et
» l'enregistrement. Ces frais seront payés
» suivant le mode prescrit par le titre 7 ci-
» après. »

§ II.

Du recours contre le propriétaire-locateur.

« Art. 80. Lorsqu'il y a lieu d'exercer ce » recours, après la sommation sans frais, » le percepteur exerce la contrainte col- » lective contre le propriétaire-locateur, » comme garant et responsable des contri- » butions dûes par son locataire ; après » quoi il est procédé contre le locateur, par » commandement, saisie et vente, s'il y a » lieu, dans les formes et délais détermi- » nés par le chapitre 2 du titre 5. »

TITRE VII.

Du règlement des frais.

« Art. 81. Au moyen des salaires fixés par » le présent arrêté, il n'est dû au porteur » de contraintes aucun frais de transport » ni prix de journée. »

« Art. 82. Les frais légalement faits se- » ront payés entre les mains du percepteur, » qui sera tenu d'en donner quittance aux

» contribuables; mais le paiement n'en sera » fait que sur la représentation de l'état » desdits frais, réglé et arrêté par le sous- » préfet de l'arrondissement. » *Arrêté des Consuls du 16 thermidor an 8, art. 46.*

« Art. 83. Tout percepteur qui exigerait » le paiement des frais sans qu'ils eussent » été arrêtés par le sous-préfet, sera dé- » noncé comme concussionnaire. »

L'art. 84 *défend aux contribuables de payer au porteur de contraintes, et à celui-ci de recevoir d'eux, à peine de nullité des paiemens et de destitution.*

Les art. 85, 86 et 87 *ordonnent que les porteurs de contraintes remettront au receveur particulier, en double minute, signé d'eux, l'état de leurs frais; que cet état soit adressé, avec les pièces et observations, par le receveur particulier au sous-préfet; et que, sur le vû du double, arrêté par le sous-préfet, le porteur de contraintes en soit payé par le percepteur, sauf le recours de ce dernier contre les redevables.*

Suivant l'art. 88, le sous-préfet transmet à la fin de chaque trimestre au préfet, le bordereau général des frais qu'il a arrêtés.

L'art. 89 *Charge les maires de surveiller l'exécution de l'arrêté.*

Et le 90e. et dernier *en ordonne l'affiche et publication.*

FIN.

De l'Imprimerie de CH. FR. CRAMER,
rue des Bons-Enfans, N° 12.

www.ingramcontent.com/pod-product-compliance
Lightning Source LLC
LaVergne TN
LVHW020009170826
845677LV00022B/550

* 9 7 8 2 3 2 9 6 9 3 3 9 2 *